미니니 감정 사전 1

초등 본격 자기 계발 프로젝트

기획·감수 **이효주** 글 **윤구름** 그림 **조수현**

SANDBOX STORY KIDS

내 마음을 잘 알고 다스릴 줄 아는 어린이가 되어요.

'사전'은 여러 가지 낱말을 모아 특정한 순서로 배열하고 각각에 설명을 붙인 책이에요. 이 책은 어린이들이 일상생활에서 느끼기 쉬운 감정을 모아 공감하기 쉬운 이야기와 함께 설명했어요. 한 걸음 더 나아가서 감정을 어떻게 다스려야 할지도 알려 주지요.

"지금 너의 기분은 어때?"라고 누군가 여러분에게 묻는다면 쉽게 대답할 때도 있지만 '나도 내 기분이 어떤지 모르겠어!'라든지 '말로 어떻게 표현해야 할지 모르겠어.'라는 생각이 들 때도 있지요. **다양한 감정의 이름을 정확히 아는 일은 아주 중요해요.** 우리는 학교, 집에서 시시각각 다른 감정을 느끼고 표현해야 할 때가 많거든요. 선생님은 자신의 마음을 잘 알고 표현하는 어린이들이 많아지기를 바라며 학교에서 학생들을 만나 왔답니다. 여러분도 이 책을 읽으며 다양한 감정 단어와 함께 '나의 마음'에도 관심을 기울이게 되기를 바라요.

내가 느끼는 다양한 감정의 이름을 알았다면, 그다음은 **감정을 바르게 표현하는 방법을 배울 차례예요.** 감정을 잘 표현한다면 스스로 문제를 해결할 수 있다는 자신감이 생겨요. 친구들은 여러분이 어떤 마음인지 쉽게 이해하고, 여러분을 '대화하는 것이 즐거운 친구', '나를 이해하고 공감해 주는 친구'라고 생각할 거예요. 감정을 잘 이해하는 것, 잘 표현하고 대처하는 것이 얼마나 중요한지 알겠죠?

'잉간 미니니'와 더 친해지고 싶은 마음에 어느 초등학교 어린이들의 다큐멘터리 영화를 보게 된 미니니와 함께 상황에 공감해 보면 내 감정을 정확히 알게 되고, 지혜롭게 감정을 표현하는 방법에 대해서도 자연스럽게 배우게 될 거예요. 귀엽고 솔직한 미니니와 함께, 내 마음을 잘 알고 다스릴 줄 아는 어린이가 되어 봅시다!

– 전문상담교사 **이효주**

내 감정의 자리를 알아봐요

내 감정의 이름을 아는 것도 중요하지만, 그 감정이 어떤 감정인지도 알아야겠지요? 이 책에 나오는 감정들을 표현할 때 쓰는 에너지의 크기가 얼마만 한지, 기분이 얼마나 좋고 나쁜지에 따라 배치해 보았어요. 표를 보면서 내 감정이 어디쯤에 있는지를 잘 살펴보면 책 속의 내용에 더 쉽게 공감할 수 있을 거예요.

(에너지 높음)

무섭다	걱정되다		놀라다	즐겁다	신나다
화나다	억울하다	짜증 나다	반갑다	기쁘다	뿌듯하다
괴롭다	밉다	얄밉다	고맙다	설레다	행복하다
		불쌍하다			
슬프다	속상하다	미안하다		편안하다	
외롭다	귀찮다				안심되다

(에너지 낮음)

(불쾌한 기분) → (유쾌한 기분)

차례

머리말 ……………………………………… 2
이 책을 잘 읽는 법 ……………………………… 3
이 책에 나오는 미니니를 소개할게요! ……………… 6
〈너는 그 감정을 알고 있다〉에 나오는 친구를 소개할게요! ……… 7
미니니의 문제 **공감이 뭔데?** ……………………… 8

울컥울컥 빨강 극장 ○○○ 12

걱정되다 …………… 14
괴롭다 ……………… 18
무섭다 ……………… 22
밉다 ………………… 26
억울하다 …………… 30
짜증 나다 …………… 34
화나다 ……………… 38
얄밉다 ……………… 42

으쓱으쓱 노랑 극장 ○○○ 46

고맙다 ……………… 48
기쁘다 ……………… 52
놀라다 ……………… 56
반갑다 ……………… 60
뿌듯하다 …………… 64
설레다 ……………… 68
신나다 ……………… 72
즐겁다 ……………… 76
행복하다 …………… 80

울먹울먹 파랑 극장 ···84

귀찮다	86
미안하다	90
불쌍하다	94
속상하다	98
슬프다	102
외롭다	106

느긋느긋 초록 극장 ···110

편안하다	112
안심되다	116

미니니의 호기심 **어떻게 지내니?** ········ 120
정답 ································· 124

이 책에 나오는
미니니를 소개할게요!

평화 좋아 레니니   친구 좋아 초니니   혼자 좋아 제니니

간식 좋아 샐리니   자유 좋아 드니니   깔끔 좋아 젬니니

계획 좋아 코니니   낮잠 좋아 팡니니   해결 좋아 브니니

장난 좋아 무니니   유행 좋아 보니니

<너는 그 감정을 알고 있다>에 나오는 친구를 소개할게요!

아린
만들기를 할 때도,
친구를 처음 만날 때도
언제나 콩닥대는
설렘 전문가

윤우
피구하는 날에도,
비 오는 날에도
늘 의욕이 넘치는
열정 전문가

도윤
무서운 책 앞에서,
새 학기 첫날 교실 앞에서도
매번 두근대지만 곧
이겨 내는 용기 전문가

하진
기쁘거나 슬픈 순간,
감동받는 순간에도
가장 솔직하게 표현하는
감성 전문가

공감이 뭔데?

감정 단어 걱정되다

안심이 되지 않고 초조해 속이 타다.

미니니 mini 인터뷰

Q 하진이와 윤우처럼 안심이 안 되고, 초조한 기분이 드는 걸 걱정된다고 한대. 너희는 어떤 때 이런 감정이 생겨?

나는 시험 보기 전날에 그런 감정이 생겨~

내가 엄청 좋아하는 빵집이 있는데, 내가 사려는 빵이 다 팔렸으면 어떡하나 갈 때마다 걱정이야~

친구랑 얼마 전에 크게 싸웠어. 아직 화해를 못 해서 너무너무 걱정이야.

우주가 폭발하면 어떻게 하지…? 나는 요새 이 걱정 때문에 잠도 안 와!

걱정의 종류에 따라 다르게 접근해 봐!

우리는 매일 크고 작은 걱정을 하며 살아가요. 그중에는 다른 급한 일이나 재미있는 일이 생기면 금세 잊어버릴 수 있는 가벼운 걱정도 있지만, 친구와의 다툼처럼 한동안 마음이 무거워지고 아무것도 할 수 없는 큰 걱정도 있지요. 걱정의 종류마다 해결법도 모두 달라요.

걱정이 날아가는 미니니 카드

미니니의 걱정 해결법 카드를 보고, 나만의 걱정 해결법 카드도 만들어 봐요!

"이게 되네!" 카드

해결할 수 있는 고민이라면 마냥 걱정만 하지 말고, 스스로 할 수 있는 일을 한번 찾아 봐! 만약 시험에서 많이 틀릴까 봐 걱정이라면 공부하는 시간을 조금 더 늘려 보는 거야!

"뭐 어때~" 카드

해결할 수 없는 걱정은 어떻게 할까? 일단 고민을 잊고 기분이 좋아지는 일에 집중해 봐. 그림 그리기, 친구와 놀기 등 무엇이든! "뭐 어때?"라는 마음이 들고 걱정은 줄어들 거야~

_____ 카드

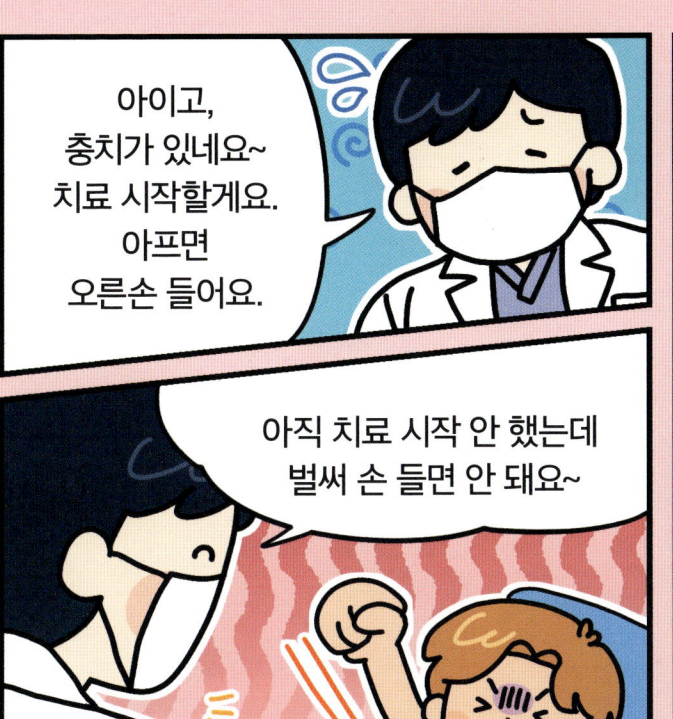

 # 괴롭다

몸이나 마음이 고통스러워 편하지 않다.

 Q 하진이처럼 치과에 가는 건 정말 괴로운 일이지. 너희는 어떨 때 이런 기분이 들어?

계획적인 미니니로 사는 법

앞에 나서는 게 정말 싫어서, 발표해야 할 때 괴로워.

부모님께 혼이 날 때 아주 괴로워.

밀린 숙제를 하는 바로 지금?

친구들이 놀릴 때!

견뎌야 하는 괴로움도 있다고?

괴로운 마음이 들면 나를 괴롭게 하는 대상을 없애거나 피하고 싶은 마음이 들기 마련이에요. 만약 친구로 인해 힘들다면 친구 관계를 끊어 버리고 싶겠죠. 하지만 괴롭다고 해서 모두 피하기만 해서는 안 돼요. 인내심을 갖고 잘 견뎌야 하는 '**이로운 괴로움**'도 있거든요. 그럼 '이로운 괴로움'과 '해로운 괴로움'을 구분해 볼까요?

미니니의 괴로움 진단법

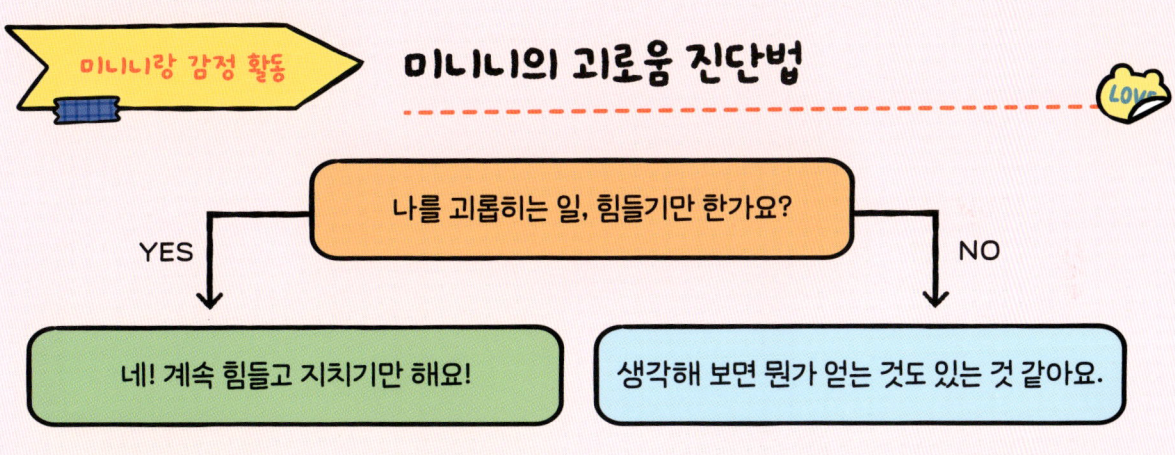

'해로운 괴로움'은 나를 힘들게만 해요. 이런 괴로움을 주는 대상은 피해야 나를 지킬 수 있어요. 나를 함부로 대하는 친구에게 불쾌하다고 말해도 달라지지 않는다면, 그 친구와는 거리를 두어야겠죠? 이럴 땐 믿을 만한 어른에게 상담하기도 잊지 마요!

'이로운 괴로움'은 지금 당장은 나에게 괴로움을 주지만, 잘 견디면 나를 성장시킬 수 있어요. 숙제와 공부는 할 때 괴로울 수도 있지만, 지금보다 아는 것이 많아지고 성취감도 느낀다는 점에서 이로운 괴로움이라고 할 수 있어요.

울컥울컥 빨강 극장
무섭다
용감한 도윤이

주인공이 안심한 그 순간! 그때 귀신이 확 나타난 거야!

끼야아아아아악!

와, 도윤아! 넌 안 무서워?

대단한데? 너 진짜 용감하다.

이, 이게 뭐가 무섭다고 그래!

안 무섭긴! 너무 무서워서 소리도 못 냈어!!

 # 무섭다

무엇이 꺼려지거나 무슨 일이 일어날까 봐 떨린다.

 **Q** 도윤이는 귀신 이야기 들을 때가 제일 무섭대. 너희는 어떨 때 무섭다고 느껴?

- 엄마 몰래 학원 빠졌는데, 집에 오니까 호랑이 눈을 한 엄마가 기다리고 있어서 오싹~
- 롤러코스터 꼭대기에 올라갔을 때 무서워서 심장이 벌렁거렸어!
- 아래층 강아지가 으르렁거려서 무서워. 엘리베이터 탈 때마다 긴장돼~ 그 강아지야!

무서움은 너를 지켜 주는 소중한 감정이야!

무서운 마음을 느끼면 누구나 썩 유쾌하진 않아요. 누가 놀릴까 봐 걱정되기도 하고요. 하지만 사실 무서움은 나를 지켜 주는 소중한 감정이에요. 만약 우리가 어떤 것에도 무서움을 느끼지 못한다면, 안전하지 않은 곳에 가거나 위험한 행동을 해서 자칫 위태로워질 수 있으니까요. 여러 위험을 미리 피하고 예방하기 위해 우리는 무서움을 느끼는 거랍니다.

무서운 감정을 이기는 특급 도전

무서운 마음을 꼭 이겨 내고 싶다면 계단을 오르듯 단계별로 차근차근 무서운 것에 다가가 보세요. 천천히 연습한다면 어느 순간 편한 마음으로 마주하는 순간이 찾아올 거예요. 그럼 이제 무서움을 이기는 특급 도전을 적어 볼까요?

예시

무서움을 이기는 미니니의 특급 도전

내가 무서워하는 것:
내 방에서 혼자 잠자기

★ 1단계: 엄마와 내 방에서 같이 자기
★ 2단계: 엄마가 방 밖에서 내가 잠들 때까지 기다려 주기
★ 3단계: 엄마가 방 밖에서 5분 기다려 주고 가기
★ 최종 도전: 나 혼자 내 방에서 잠들기

무서움을 이기는 _____의 특급 도전

내가 무서워하는 것:
_____

★ 1단계:
★ 2단계:
★ 3단계:
★ 최종 도전:

명절 괴담
밉다

들어 봐. 나 이번 명절에 엄청난 일이 있었어.

난 늘 우리 외갓집의 슈퍼스타였어. 삼촌도 이모도 나만 기다렸지!

그런데 이번 명절에 할머니 댁에 갔는데….

이전과 너무 달라진 거야!

 감정 단어

밉다

마음에 들지 않고 눈에 거슬리는 느낌이 있다.

 미니니 mini 인터뷰

Q 윤우는 친척들의 사랑과 관심을 가져간 동생이 잠깐 미웠대. 너희는 최근에 누굴 미워해 본 적 있어?

친구들 단톡방에 나만 빠진 걸 알았을 때, 정말 미웠어. 어떻게 그럴 수 있어!

우리 언니! 맨날 자기만 잘났다고 하고, 나는 무시하거든.

여름에 제주도 가기로 했는데 아빠가 너무 바쁘다고 취소했어. 힝~ 아빠 미워!

절친한테만 말한 내 비밀을 다른 애들도 알고 있었을 때!

 ## 누군가가 밉다고 느껴진다면!

누군가를 미워하는 마음이 들 수 있어요. 다만 그 마음을 잘못된 방법으로 표현해서는 안 된답니다. 일방적으로 비난하거나 공격하고, 다른 사람에게 흉을 보는 등 상대에게 피해를 주면 안 돼요. 마음과 행동을 구분하기, 할 수 있죠?

미니니의 미니미니 퀴즈~

다음 중, 누군가 밉다고 느껴질 때 하지 말아야 하는 행동을 모두 골라 보세요!

① 상대에게 내 마음을 차분하게 말하기

② 상대를 공격하기

③ 내 마음을 글로 쓰며 마음 다스리기

④ 다른 사람에게 험담하기

감정 단어 **억울하다**

잘못이 없는데 꾸중을 듣거나 벌받아 분하고 답답하다.

미니니 mini 인터뷰

Q 억울한 마음이 들면 분하고 잠도 안 오지. 너희는 언제 이런 마음이 들었어?

- 동생이 장난감을 던져서 싸우기 시작했는데, 엄마가 나만 혼냈을 때?
- 친구랑 같이 떠들었는데 선생님이 나만 혼내셔서 억울했어.
- 제대로 줄 섰는데, 친구가 "끼어들지 마!" 라고 소리쳐서 억울했던 적이 있었어.
- 짝꿍이 내가 지우개를 가져갔다고 오해해서 억울하고 속상했어.

억울한 마음이 들 때, 어떻게 해야 하지?

억울한 마음이 들 때, 감정에 휘둘려 소리를 꽥 지르는 등의 행동을 하지 않도록 주의하세요. 아무리 화가 나고 억울해도 찬찬히 내 마음을 말로 표현해야 해요. 이때 내가 잘못한 것이 작게라도 있다면, 억울한 마음을 표현하기 전에 상대의 말을 귀 기울여 듣고, 잘못을 인정해야 해요. 이렇게 대화한다면 분명 서로를 이해하고 오해를 풀 수 있을 거예요.

미니니와 함께 마음 가라앉히기 도전!

억울한 감정이 확 올라오기 전에, 간단한 게임을 하며 감정을 가라앉혀 봐요. 지금까지 살펴봤던 감정 단어들을 가로, 세로, 대각선에서 찾아 볼까요? 자, 시작!

걱	행	슬	억	사	뿌	즐
정	복	프	짜	울	듯	겁
되	하	다	증	랑	하	다
다	다	괴	롭	다	다	다
고	맙	다	뿌	듯	하	다
반	밉	속	상	하	다	해
갑	다	외	롭	무	섭	다

보기
걱정되다
괴롭다
무섭다
밉다
억울하다

내가 제일 먼저 찾을 거야!

감정 단어 짜증 나다

마음에 들지 않아 벌컥 화가 난다.

 **Q** 하루 종일 되는 일이 없으면 짜증이 나지. 너희는 언제 이런 기분이 들었니?

사람 많은 곳에서 우스꽝스럽게 넘어졌을 때! 아프기도 한데 짜증도 나!

바닥에 떨어진 블록을 밟았을 때 짜증이 나서 소리를 빽 질렀어.

게임할 때 광고가 너무 자주 나오면 짜증 나.

내가 막 공부하려고 하는데, 엄마가 공부하라고 잔소리하면 짜증이 나!

짜증 나는 것과 짜증 내는 것을 구분해 봐!

여러분도 짜증을 내 본 적이 있을 거예요. 실컷 짜증을 내고 난 뒤, 불쾌한 마음이 없어졌나요? 아니요, 아마 상대방과 다투게 되어 안 좋은 일만 하나 더 늘어났을 거예요. 중요한 건 **짜증이 '나는'** 것과 짜증을 **'내는'** 것을 구분하는 거예요. 안 좋은 일이 있을 때 짜증이 나는 건 충분히 있을 수 있는 일이지만, 짜증을 겉으로 표현할지 말지는 내가 선택할 수 있으니까요.

짜증이 쏙 들어가는 마법의 주문

짜증이 날 때는 잠시 숨을 돌리고 '그럴 수 있지!'라고 생각해 보세요. 짜증 날 때 마음이 가벼워질 수 있는 마법의 주문을 몇 가지를 더 알려 줄게요!

- 안 다쳤으니까 다행이야!
- 실수해도 괜찮아!
- 이번엔 실패했지만 다음엔 잘할 수 있을 거야!

Goooood!

Greaaaat!!

Awesome!!!

 **감정 단어**

화나다

기분이 나쁘고 못마땅해서 불쾌하다.

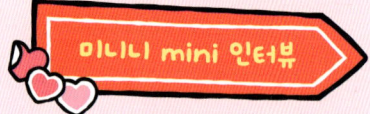 **Q 너희는 어떤 때 화가 나?**

친구가 나한테는 바빠서 못 논다고 했는데, 나중에 알고 보니 다른 친구랑 놀았더라? 화가 난다!

신체검사할 때 친구가 내 몸무게를 몰래 보고 놀려서 화가 났어!

형이 내 말 무시하고 자기 하고 싶은 말만 할 때 화가 나!

교실 청소하는데 나만 열심히 하고 다른 친구들은 딴청 피워서 화가 났어. 다들 너무해!

 ## 화난 마음을 현명하게 전달하려면?

 화가 난 마음을 표현할 때, 소리치거나 과격한 행동을 하는 건 좋은 방법이 아니에요. 화가 났을 때는 마음을 차분하게 다스린 뒤, 내가 왜 화가 났는지, 내 마음이 어떤지 상대에게 말로 잘 전달해 봐요! 마음을 가라앉힐 때는 머릿속으로 1부터 10까지 세거나 천천히 심호흡하는 것이 도움될 거예요.

자주 화가 난다면 감정 일기를 써 봐!

만약 여러분이 화를 자주 내는 편이라면 화가 난 상황을 적는 감정 일기를 꾸준히 써 봐요. 내가 어떤 상황에서 화를 못 참는지 알고 있다면, 갑자기 불편한 감정이 올라와도 당황하지 않고 마음을 잘 다스릴 수 있을 테니까요.

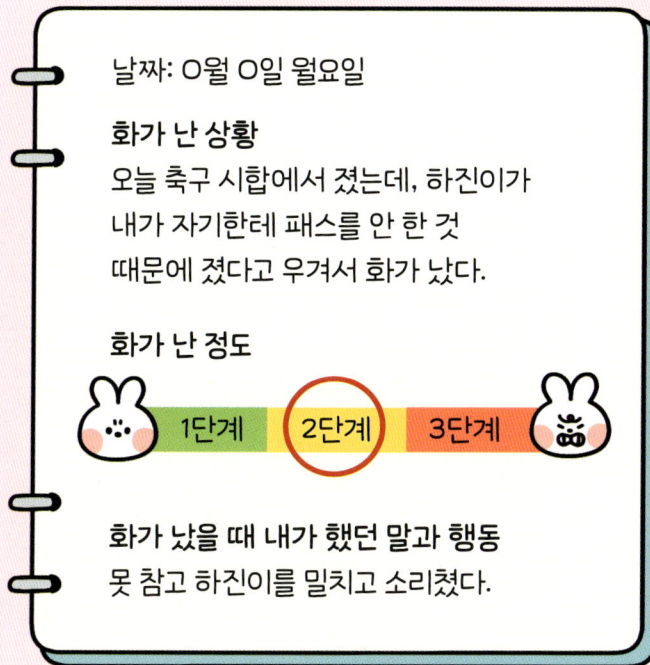

날짜: O월 O일 월요일

화가 난 상황
오늘 축구 시합에서 졌는데, 하진이가 내가 자기한테 패스를 안 한 것 때문에 졌다고 우겨서 화가 났다.

화가 난 정도
1단계 / 2단계 / 3단계

화가 났을 때 내가 했던 말과 행동
못 참고 하진이를 밀치고 소리쳤다.

이 친구는 축구로 인정받지 못할 때 유독 화를 내는군.

 # 얄밉다

말이나 행동이 약아서 재빠르고 밉다.

Q 아린이의 새 친구는 조금 얄미운 아이 같아. 너희는 언제 이런 감정을 느꼈어?

- 내가 나중에 먹으려고 아껴 둔 과자를 동생이 홀랑 먹어 버렸을 때!

- 친구가 내가 싫어하는 별명을 부르면서 자꾸 장난칠 때 얄미워!

- 짝꿍이 나한테는 연필 안 빌려주더니 다른 친구한테는 빌려줘서 얄미웠어.

- 내가 엄마한테 혼나고 있을 때 킥킥거리면서 괜히 웃고 가는 우리 형, 정말 얄미워~

얄밉다고 느끼는 내 마음, 어떻게 전할까?

친구의 얄미운 말과 행동을 참을 수 없을 때는 대화로 풀어 보세요. 친구로 인해 내가 어떤 마음이 들었는지 말한 뒤, 앞으로 어떻게 했으면 좋겠는지를 덧붙이는 거죠. 친구가 내 마음을 이해했다면 이를 계기로 더 가까워질 수 있을 거예요. 다만 대화 뒤에도 친구의 행동이 바뀌지 않고 내 마음도 여전히 괴롭다면, 그 친구와 잠시 거리를 둬도 괜찮아요.

이럴 땐 이렇게 말해요!

만약 가위바위보에서 반칙하는 얄미운 친구 때문에 속상한 상황이라면 어떻게 말해야 할까요? 차분한 말투로 이렇게 말해 보세요.

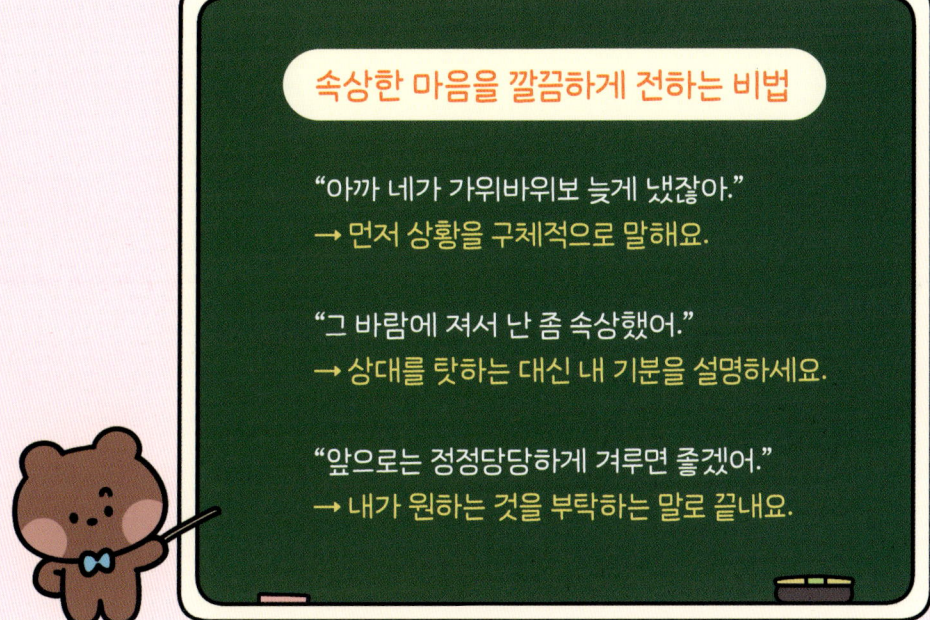

속상한 마음을 깔끔하게 전하는 비법

"아까 네가 가위바위보 늦게 냈잖아."
→ 먼저 상황을 구체적으로 말해요.

"그 바람에 져서 난 좀 속상했어."
→ 상대를 탓하는 대신 내 기분을 설명하세요.

"앞으로는 정정당당하게 겨루면 좋겠어."
→ 내가 원하는 것을 부탁하는 말로 끝내요.

 **감정 단어**

고맙다

남이 도움을 준 일에 대해 흐뭇하고 즐겁다.

Q 우리는 서로 도움을 주고받고 고마움을 느껴. 너희는 어떤 때 고마움을 느꼈어?

갑자기 비가 온 날, 친구가 자기 우산을 같이 쓰자고 했을 때 정말 고마웠어.

다리 부러졌을 때 아빠가 나를 업고 병원까지 뛰어갔는데, 그때 아빠 등이 너무 따뜻했던 게 기억나.

아침에 앞집 누나가 엘리베이터 문을 안 닫고 내가 탈 때까지 기다려 줬을 때!

내 생일 파티에 와 줬던 친구들 모두 고마워~

고마운 마음, 어떻게 표현하지?

우리는 생활 곳곳에서 기꺼이 나를 도와주고, 호의를 베풀어 주는 고마운 존재들을 만나게 되지요. 누군가에게 고마운 마음이 든다면, 쑥스러워하지 말고 상대에 그 마음을 표현해 보면 어떨까요? 그리고 그 사람을 본받아 나도 다른 사람에게 도움을 주도록 해 봐요.

고마운 이에게 전하는 감사 쿠폰

감사 쿠폰을 만들어 고마운 사람에게 전해 볼까요? 유쾌한 내용을 담은 나만의 감사 쿠폰을 전달하면 모두 감동할 거예요!

고마운 부모님을 위한 심부름 쿠폰

언제든 심부름을 시킬 수 있어요.
신속! 정확!

고마운 _____ 을 위한 쿠폰

THANKS

 **감정 단어**

기쁘다

원하던 것을 이루어 마음이 흐뭇하고 흡족하다.

 미니니 mini 인터뷰

Q 선물을 받은 하진이의 표정 좀 봐!
정말 기뻤나 봐.
너희는 어떨 때 기뻤어?

달리기에서 1등 했을 때!

나는 일주일 동안 캠프 다녀와서 엄마, 아빠를 만났을 때 정말 기뻤어!

생일날 엄청 가지고 싶었던 게임기를 선물 받아서 기뻤어!

내가 만든 케이크를 친구들이 맛있게 먹어 줄 때~

 ## 정말 기쁠 땐 어떻게 할까?

간절히 바라던 일을 이루었다면 정말 기쁜 마음이 들 거예요. 그럼 기쁜 마음은 어떻게 표현하면 좋을까요? 가족이나 친한 사람들에게 소식을 전해 보세요. 기쁨은 나누면 두 배로 커지니까요! 다른 사람의 기쁜 소식을 들었을 때 진심으로 축하해 주는 것도 잊지 마세요.

 ## 풍선에 기쁜 소식을 적어 봐!

주변에 알리고 싶은 기쁜 소식이 있다면
여섯 글자로 정리한 다음, 아래의 풍선에 써 봐.
예를 들어 '시험이 끝났어' 이렇게 말이야.

잠깐! 기쁜 소식을 전할 때,
듣는 사람의 상황을 먼저 살펴야 해.
상대가 슬픈 일이 있다면
당장은 축하해 주기 힘들 거야!

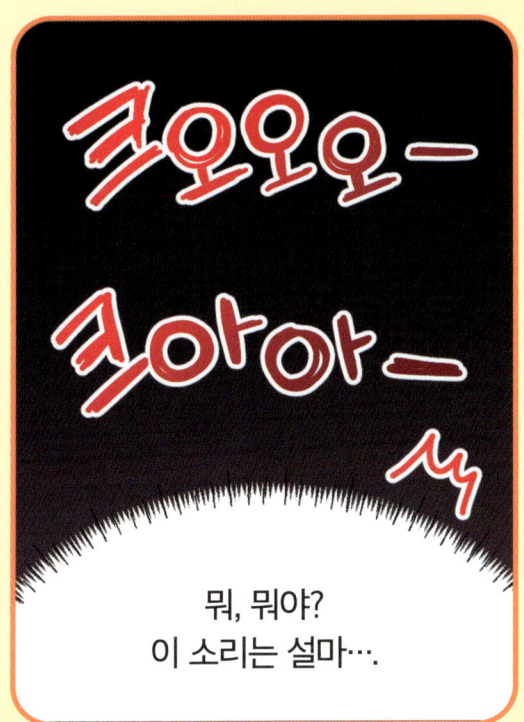

 감정 단어

놀라다

뜻밖의 일이 일어나 가슴이 두근거린다.

 미니니 mini 인터뷰

Q 도윤이는 꿈 때문에 깜짝 놀랐대.
너희도 깜짝 놀란 적이 있니?

- 밥 먹다가 갑자기 이가 빠져서 깜짝 놀란 적이 있어.
- 길을 가는데 오토바이가 내 앞으로 쌩하고 지나가서 깜짝 놀랐잖아!
- 시골 할아버지 댁에 갔다가 밤하늘에 별이 쏟아질 것처럼 많은 걸 보고 놀랐어.
- 생일도 아닌데 친구가 깜짝 선물을 줘서 놀랐어.

 ## 놀랐을 때 3단계를 기억해 줘!

위험 요소 때문에 놀랐을 때는 침착하게 상황을 살펴 행동하는 것이 중요해요. 이럴 때는 당황하지 말고 3단계를 기억하세요!
1단계, 심호흡하며 놀란 마음 가라앉히기.
2단계, 무슨 상황인지 살피기.
3단계, 상황에 가장 적합한 행동 선택하기.
이렇게 행동한다면 놀라서 실수하는 일도, 위험을 피하지 못하는 일도 줄어들 거예요.

 ## 놀라움의 여러 가지 종류

놀라움에는 다양한 종류가 있어요. 비슷하지만 조금씩 다른 놀라움에 대해 알아볼까요?

기쁜 놀라움
뜻밖의 좋은 일 때문에 놀란 경우
예) 좋아하는 친구가 고백해서 놀랐어.

황당한 놀라움
생각도 못 한 일 때문에 기가 막혀서 놀란 경우
예) 동생이 대들어서 놀랐어.

무서운 놀라움
갑작스러운 위험이나 무서움 때문에 놀란 경우
예) 갑자기 바퀴벌레가 나와서 놀랐어.

감탄의 놀라움
뛰어나거나 신기한 것을 보고 감동해서 놀란 경우
예) 밤새 하얗게 내린 눈을 보고 놀랐어.

 # 반갑다

그리웠던 사람을 만나거나 원하는 일이 이루어져서 즐겁고 기쁘다.

 **Q** 하진이는 반가운 친구를 만났어.
너희도 이렇게 반가움을 느낀 적이 있니?

- 방학 끝나고 친구들을 다시 만났을 때!
- 겨우내 안 보이던 길고양이가 다시 나타났을 때 정말 반가웠어.
- 잃어버렸던 게임 카드를 침대 밑에서 찾았을 때 얼마나 반갑던지!
- 추석 때 친척들을 오랜만에 다 만나니 반가웠어.

미니니만의 감정 취급법

용기 내 말을 걸어 보세요!

친구를 생각지 못한 곳에서 만났을 때, 여러분은 반갑게 말을 걸 수 있나요? '저 친구가 나를 못 알아보면 어떡하지?', '별로 안 반가워하면 어떡하지?'라는 생각이 들어 우물쭈물하진 않았나요? 그럴 땐 나의 마음을 한번 살펴보세요. 친구와 가까워지고 싶다면 용기 내 말을 걸어 보는 거예요. 사실 그 친구도 여러분과 같은 이유로 망설이고 있을 수도 있답니다.

미니니랑 감정 활동

이럴 땐 이렇게 말해요!

친구를 만났을 때 어떤 이야기를 해야 할지 몰라 망설였던 기억이 있다면 주목하세요. 대화 예시를 통해 친구와 자연스럽게 대화를 시작하는 법을 알려 줄게요.

(무슨 얘기 할지 고민 중)
→ 날씨, 일상, 취미, 유행하는 아이템 등 가벼운 주제로 시작하면 좋아요. 친구가 평소에 관심 있어 하는 것을 눈여겨보았다가 질문해도 좋겠죠?

요즘 날씨 진짜 덥지?
→ 생각한 주제를 질문으로 만들어 보세요. "너 수학 숙제 다 했어?", "우아, 그 샤프 신기하다. 어디서 샀어?", "너 요즘 무슨 게임 해?" 등.

그러니까. 우리 집은 심지어 에어컨도 고장 나서 찜통이야.

힘들었겠다! 우리 이따 시원한 아이스크림 먹으러 갈까?
→ 친구가 대답할 때 잘 들어 준 뒤, 내 생각도 덧붙여요. 이후 자연스럽게 대화를 이어가 보세요.

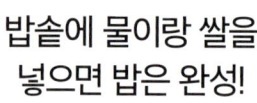

 **뿌듯하다**

기쁨과 감격이 가득 차서 벅차다.

 **Q 너희는 언제 스스로 뿌듯하다고 느꼈어?**

숨이 꼴딱꼴딱 넘어가도 꾹 참고 산 정상까지 올라갔을 때!

줄넘기 하나도 못 했는데 열심히 연습해서 이번 달 줄넘기 왕으로 뽑혔어! 얼마나 뿌듯했는지 알아?

가족들이 내가 만든 쿠키를 먹고 맛있다고 했을 때 뿌듯했어.

급식 먹을 때 밥 한 톨, 국물 한 방울 안 남기고 다 먹었을 때 뿌듯했어!

스스로 뿌듯한 마음이 드는 것이 중요해!

칭찬을 들으면 마음이 뿌듯해져요. 하지만 내가 어떤 일을 하도록 만드는 원동력이 오직 주변의 평가뿐이라면 그 일을 꾸준히 하기 어려울 거예요. 더 이상 칭찬이 주어지지 않으면 그만두고 싶을 테니까요. 반면 스스로 만족하고 뿌듯해하는 마음에 집중하면 어떤 일이든 끝까지 해낼 수 있을 거예요.

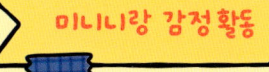

매일매일 뿌듯해지는 나만의 일주일 챌린지

나를 더 나은 사람으로 만들어 줄 수 있는 일주일 목표를 세워 보세요. 내가 해낼 수 있는 작은 목표들을 하나씩 실천하다 보면 한 걸음 더 성장할 수 있을 거예요. 아래 예시를 보고 나만의 목표를 세워 볼까요?

MON	TUE	WED	THU	FRI	SAT	SUN
예시 자기 전에 스마트폰 보지 않기	일어나서 이불 개기	내일 입을 옷 미리 골라 두기	엘리베이터 대신 계단 이용하기	감사한 일 세 가지 쓰기	책 30쪽 읽기	가족에게 고맙다고 말하기
나의 일주일						

 감정 단어

설레다

마음이 들떠서 두근거린다.

 미니니 mini 인터뷰

Q 아린이는 승민이를 보기만 해도 설레나 봐. 너희는 언제 설레는 마음이 들었어?

- 체험 학습 전날 엄청 설렜어!
- 난생처음 비행기를 탔던 날!
- 생일날 선물 포장지를 뜯기 전에 설레서 마음이 간질간질했어!
- 내가 좋아하는 아이돌 컴백 전날, 너무 기대돼서 설렜어!

설레는 상대에게 내 마음을 전하려면?

여러분도 얼굴만 봐도 설레고 가슴이 두근거리는 사람이 있나요? 이럴 때 마음을 들킬까 봐 일부러 퉁명스럽게 구는 친구들도 있을 거예요. 하지만 이렇게 했다가는 오히려 상대와 멀어질 수 있어요. 상대에게 다가가는 게 어렵다면 우선 그 사람이 무얼 좋아하는지, 어떤 성격인지 잘 살펴보는 시간이 필요해요. 상대에 대해 잘 알고 있다면 이야기할 기회가 왔을 때 자연스럽게 관심을 표현할 수 있으니까요.

나를 설레게 하는 것을 적어 봐!

여러분을 설레게 하는 것은 무엇인가요? 내가 어떤 때에 설레는지 생각해 보고, 그때 내 마음이 어땠는지도 짧게 써 보세요.

설레는 순간들

- ☐ 소풍 가기 전날
- ☐ 여행 가기 전날
- ☐ 좋아하는 친구와 같은 모둠이 되었을 때
- ☐ 오랜만에 친한 친구를 만날 때
- ☐ 눈 오는 날
- ☐ _____

내가 가장 설렜던 날은

감정 단어 **신나다**

흥미롭고 재미있는 일로 기분이 매우 좋아지다.

미니니 mini 인터뷰

Q 너희는 뭘 할 때 가장 신나?

난 새로운 곳에 여행 갔을 때 제일 신나!

문구점 가서 신상품 뭐 나왔는지 보며 구경할 때!

눈이 잔뜩 쌓인 운동장에서 친구들이랑 눈싸움할 때!

방학 되기 일주일 전부터 난 이미 신나는걸!

감정 표현도 때와 장소를 살펴야 해!

신이 나면 흥분해서 목소리가 높아지거나 동작이 커질 수 있어요. 신나는 마음을 마음껏 표현하고 싶은 것은 자연스러운 일이지만, 때와 장소를 살피지 않으면 다른 사람에게 불편함을 줄 수 있다는 사실을 기억하세요. 아무리 신나는 일이 있더라도 공공질서를 지켜야 하는 곳에서는 머릿속으로만 생각하거나 목소리 크기를 조절해야 해요.

'신나다' 이모티콘을 찾아라!

미니니 친구들의 이모티콘이에요. 아래 그림을 보고 '신나다'에 어울리는 이모티콘 두 개를 골라 클릭해 보세요.

 감정 단어

즐겁다

마음이 흐뭇하고 기쁘다.

미니니 mini 인터뷰

Q 비 오는 날 마음껏 뛰어노는 모습이 정말 즐거워 보여. 너희는 뭘 할 때 즐거운 마음이 들어?

점심 얼른 먹고 친구들이랑 축구할 때~

외식할 때! 오늘은 마라탕이다!

내가 좋아하는 음악 들을 때!

나는 가족들이랑 캠핑 갈 때가 제일 즐거워. 특히 바비큐 타임!

 **작지만 확실한 즐거움이 더 좋은 삶을 만들어!**

 작은 즐거움을 자주 느끼는 것과 큰 즐거움을 가끔 느끼는 것 중 어떤 것이 우리를 더 행복하게 할까요? 연구 결과에 따르면, 사소한 즐거움이더라도 자주 느끼는 것이 행복에 더 큰 영향을 미친다고 해요. 자주 할 수 없는 특별한 일을 좇기보다, 평범한 일상에서 매일 작은 즐거움을 찾는 것이 더 행복한 삶을 만든다는 거죠.

미션, 일상 속 소소한 즐거움을 찾아라!

하루에도 소소한 즐거움을 누릴 방법은 무궁무진해요. 시간대별로 작은 즐거움을 찾아 볼까요?

아침	💗 좋아하는 음악으로 하루를 시작하기 💗 내가 좋아하는 길로 산책하듯 등교하기	
점심	💗 급식에 내가 좋아하는 메뉴 나오는 것 💗 쉬는 시간에 친구랑 수다 떨기	
저녁	💗 집에 와서 고양이랑 놀기 💗 따뜻한 물로 샤워하면서 노래 부르기	
밤	💗 오늘 빤 보송보송한 이불 안으로 쏙 들어가기	

 감정 단어

행복하다

충분한 만족과 기쁨을 느껴서 흐뭇하다.

 미니니 mini 인터뷰

Q 너희는 언제 행복하다고 느꼈어?

크리스마스 날 가족들이 다 같이 둘러앉아서 맛있는 음식을 먹을 때!

열심히 연습한 끝에 피아노 대회에서 금상 탔던 날 행복했어!

강아지를 꼭 껴안을 때 정말 행복해~

친구가 "네가 있어서 다행이야!"라고 말해 줬을 때.

 ## 행복해지려면 습관이 중요해!

행복해지는 습관이 있다는 사실, 알고 있나요? 바로 사소한 행복이라도 느꼈다면 넘어가지 말고 "정말 행복하다!"라고 표현해 보는 거예요. 또 감사 일기를 쓰는 것도 행복한 마음을 갖는 데 도움이 된답니다. 처음에는 감사한 일 한 가지를 찾는 것도 쉽지 않지만, 꾸준히 쓰다 보면 우리가 놓치고 지나가는 행복이 생각보다 많다는 것을 깨달을 수 있을 거예요.

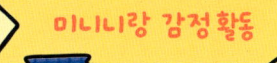 ## 행복 호르몬에 대해 알려 줄게!

우리 몸에는 행복을 느끼게 도와주는 세로토닌, 옥시토신, 엔도르핀, 도파민 등의 호르몬이 있어요. 이 호르몬을 늘리려면 어떻게 해야 할까요? 아래 체크리스트를 보고 실천해 봐요!

✧ 행복 호르몬이 나오는 좋은 습관 체크리스트 ✧

□ 하루 15분 이상 햇빛 쐬기
  : 세로토닌↑

□ 충분히 자기
  : 도파민↑

□ 매일 작은 목표 달성하기
  : 도파민↑, 엔도르핀↑

□ 규칙적으로 운동하기
  : 세로토닌↑, 엔도르핀↑

□ 많이 웃기
  : 엔도르핀↑

□ 친한 친구와 대화하기
  : 옥시토신↑

울먹울먹 파랑 극장
귀찮다
오늘은 방학

〈오늘 할 일!〉

엄마	아빠	하진이
◦ 장 보기 ◦ 거실 정리	◦ 화장실 청소	◦ 방학 숙제 ◦ 방 치우기

으으, 방 치우기 너무너무 귀찮아….

아아아~ 왜 방학인데 할 일이 있는 거야!

 **감정 단어**

귀찮다

마음에 들지 않아 괴롭거나 성가시다.

 미니니 mini 인터뷰

Q 하진이는 오늘 하루 귀찮은 일을 다 미루기로 했대. 너희는 뭘 할 때 귀찮아?

난 방 정리가 귀찮아. 로봇이 대신해 주면 좋겠다.

제일 귀찮은 건 목욕! 이 귀찮은 걸 매일 해야 한다니….

학교 가기 귀찮아. 빨리 방학이 되면 좋겠어!

학원 숙제! 밀린 숙제를 몰아서 하면 머리가 빵 터질 것 같아!

 ## 귀찮은 일을 극복하려면?

숙제, 청소, 양치질 등 귀찮은 일은 보통 '하고 싶지 않지만 해야 하는 일'인 경우가 많아요. 그렇다면 꼭 해야 할 일이 유독 귀찮게 느껴지는 날은 어떻게 해야 할까요? 그럴 땐 '귀찮은 일'과 '좋아하는 일'을 한 세트로 묶어 보세요! 그럼 해야 하는 일을 얼른 끝내고 좋아하는 일을 할 생각에 귀찮은 마음이 훨씬 줄어들겠죠?

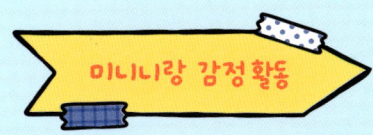 ## 『귀찮은 일 + 좋아하는 일』세트 만들기

여러분이 귀찮아하는 일은 무엇인가요? 아래 예시를 보고 나만의 세트를 만들어 보세요. 귀찮은 마음이 기대되는 마음, 즐거운 마음으로 바뀔 거예요!

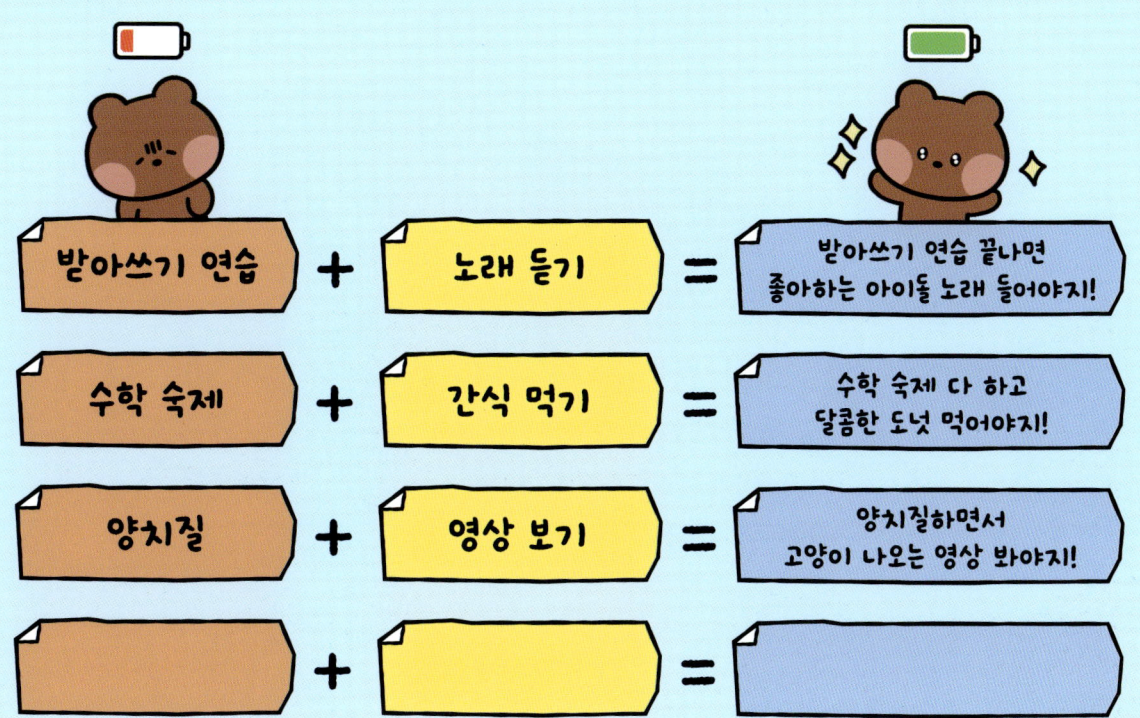

받아쓰기 연습 + 노래 듣기 = 받아쓰기 연습 끝나면 좋아하는 아이돌 노래 들어야지!

수학 숙제 + 간식 먹기 = 수학 숙제 다 하고 달콤한 도넛 먹어야지!

양치질 + 영상 보기 = 양치질하면서 고양이 나오는 영상 봐야지!

 **감정 단어**

미안하다

다른 사람에게 마음이 편하지 않고 부끄럽다.

Q 너희는 최근에 누군가에게 미안함을 느꼈던 적이 있니?

친구의 비밀 이야기를 실수로 다른 친구들 앞에서 해 버렸을 때 정말 미안했어.

모둠 활동 준비물을 안 가져가서 우리 모둠만 작품을 완성 못 했을 때…. 흑!

피구할 때 실수로 친구 얼굴을 맞혀서 너무 미안했어.

어제 언니 생일이었는데 선물을 깜빡했어! 언니 미안해~

미안하다고 말하는 건 용기 있는 행동이야!

속으로는 미안한 마음을 느끼면서도 사과하는 것을 어려워하는 친구들이 있어요. 사과하면 내가 상대방에게 지는 것 같고, 자존심이 상한다고 생각하는 것이지요. 하지만 자신의 잘못을 인정하고 진심으로 사과하는 것이야말로, 잘못했을 때 상황을 가장 현명하고 빠르게 해결할 수 있는 방법이랍니다!

진짜 사과를 찾아라! 알쏭달쏭 OX

변명을 덧붙이거나 장난처럼 하는 사과는 오히려 상대방의 기분을 더 상하게 할 수 있어요. 올바른 사과인지, 잘못된 사과인지 판단해 OX를 고르면 어느새 다시 가까워진 친구를 만날 수 있을 거예요!

- "정말 미안해. 내가 너무 심했어."
- "왜 또? 내가 미안하다고 했잖아!"
- "미안한데 너도 잘못했잖아."
- "내 실수야. 다신 그러지 않을게."
- "미안~ 히히! 장난이었어."

 감정 단어

불쌍하다

처지가 안되고 가엾어서 마음이 슬프다.

 미니니 mini 인터뷰

Q 너희는 무얼 보면서 불쌍하다는 마음이 들었니?

이모네 강아지! 산책을 좋아했는데, 이제 나이가 들어서 잘 못 나가.

체육 시간을 제일 좋아하는 친구가 있는데, 감기에 걸려서 혼자 체육을 못 한 날 되게 불쌍했어.

동생이 이를 빼서 좋아하는 간식을 못 먹을 때 불쌍했어.

여름에 엄청 시끄럽던 매미가 바닥에 떨어져 있을 때, 불쌍하다는 마음이 들었어.

텔레비전에서 밥도 못 먹고 굶는 친구들이 있다는 걸 보고 불쌍하다고 생각했어.

돕기 전에 상대방의 마음을 살펴야 해!

어려운 상황에 놓인 사람을 보고 불쌍하다고 느꼈던 적 있죠? 돕고 싶은 마음이 들기도 할 거예요. 그런데 이때 주의해야 할 것이 있어요. 바로 상대방이 나의 도움을 원하는지 확인하는 거예요. 상대방이 이쯤은 괜찮다고 느끼거나, 스스로 해결하고 싶을 때는 나의 도움이 불편하게 느껴질 수 있거든요. "도와줄까?"라고 먼저 꼭 물어보세요.

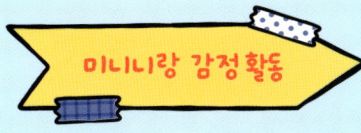

길 잃은 강아지의 엄마를 찾아 줘!

공원에서 엄마를 잃어버린 불쌍한 강아지가 울고 있어요.
미로 길을 따라가 강아지의 엄마를 찾아 주세요!

 **감정 단어**

속상하다

화가 나고 걱정이 되어 불편하고 우울하다.

 **Q** 정성껏 만든 공룡이 망가져서 아린이가 속상했겠어. 너희도 속상했던 적 있어?

체육 시간에 편을 나누는데 내가 제일 마지막에 뽑혀서 속상했어.

리코더 수행 평가를 열심히 준비했는데, 정작 시험 볼 때는 실수를 너무 많이 해서 속상한 마음이 들었어.

용기 내서 회장 선거에 나갔는데 떨어져서 진짜 속상했어. 힝~ 눈물 나!

언니가 내가 아끼는 키링을 말도 없이 가지고 나갔는데 심지어 잃어버렸대. 너무 속상해!

속상한 마음은 대화로 풀어!

속상한 마음을 풀고 싶을 땐 우선 부모님이나 친구처럼 나를 아끼는 사람에게 속상했던 일을 털어놓아 보세요. 무슨 일이 있었는지, 어떤 감정과 생각을 느꼈는지 이야기하면 귀 기울여 듣고 공감해 줄 거예요. 그러면 혼자 끙끙 앓던 마음이 한결 가벼워지겠죠? 다른 사람들은 속상한 마음이 들었을 때 어떻게 이겨 냈는지 듣고 참고해 보는 것도 좋은 방법이에요.

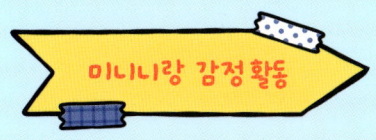

속상한 마음이 들 땐 미니니에게 물어봐!

미니니들은 속상한 일이 있을 때 어떻게 할까요? 미니니들의 이야기를 들어 보고 나만의 비법도 써 보세요!

초니니의 비법

일기를 써. 속상한 일을 술술 쓰다 보면 어느새 내 마음도 풀려 있거든.

브니니의 비법

난 눈을 감고 잠깐 쉬어. 그럼 마음이 차분해지지.

코니니의 비법

나는 힘껏 달려! 숨이 찰 때까지 달리면 생각으로 가득 찼던 머리가 가벼워져.

나만의 비법

_____
_____
_____

 **감정 단어**

슬프다

속상하거나 실망해서 마음이 아프고 괴롭다.

 **Q** 사랑하는 강아지가 아프면 정말 슬프지. 너희는 언제 슬프다고 생각했어?

내가 진짜 열심히 그린 그림을 보고 엄마가 "왜 이렇게 대충 그렸어."라고 말해서 슬펐어.

할머니가 돌아가셨을 때 정말 슬펐어. 날 정말 예뻐해 주셨거든.

이사를 가는 바람에 친한 친구와 헤어져서 펑펑 울었던 적이 있어.

엄마와 아빠가 크게 다투시던 날, 너무 무섭고 슬펐어.

슬픔은 나쁘기만 한 감정이 아니야!

누구나 슬픈 마음을 꾹꾹 참았던 적이 있을 거예요. 하지만 슬픔을 건강하게 해소하기 위해서는 '충분히 슬퍼하기'가 필요해요. 주변 사람들에게 내 마음을 이야기하고, 실컷 울어도 봐요. 슬픔이 빠져나간 자리에 새롭고 긍정적인 에너지가 들어올 거예요. 지금 당장은 힘들겠지만 잘 이겨 내면 슬픔이 나를 더 단단한 사람으로 만들어 줄 거랍니다.

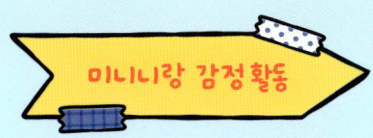

울고 있는 브니니를 찾아라!

우리의 마음과 몸은 아주 가깝게 연결되어 있어서, 감정에 따라 몸이 반응해요. 슬플 땐 눈물이 후드득 떨어지고, 입꼬리와 어깨가 축 내려가죠. 그림에서 슬퍼하는 브니니를 찾아보세요!

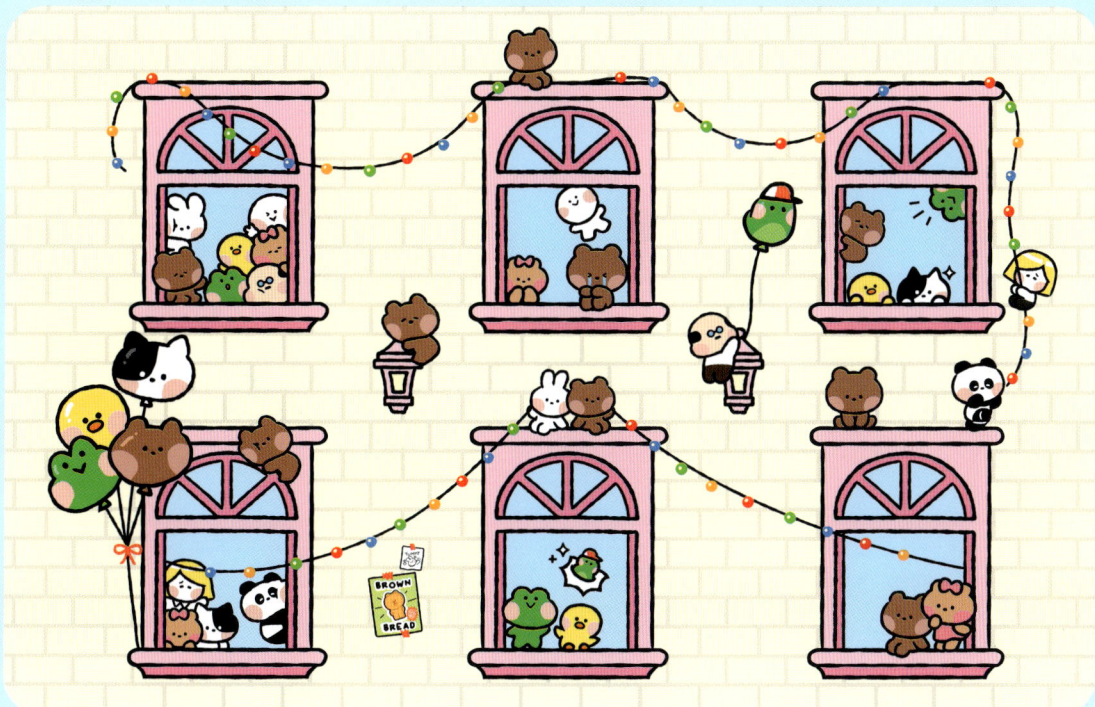

 # 외롭다

혼자 있거나 의지할 곳이 없어서 쓸쓸하다.

 **Q** 도윤이처럼 혼자 있어서 쓸쓸한 마음을 외로움이라고 해. 너희는 언제 외로움을 느꼈어?

- 단짝 친구가 갑자기 차갑게 굴고 다른 친구랑 놀았을 때!

- 난 외동이라 늘 외로워. 나도 형제가 있으면 좋겠다~

- 하굣길에 다른 친구들은 우르르 같이 가는데 나만 혼자 가서 외로웠어.

- 엄마, 아빠가 늦게 오셔서 나 혼자 밥 먹을 때 외롭다고 생각했어.

외롭다고 조급할 필요는 없어!

혼자 있거나 친구와 사이가 멀어져 외로움을 느꼈던 적이 있나요? 이럴 때 조급하게 친구를 만들거나, 불편한 친구에게 억지로 맞추려고 애쓰기 쉬워요. 하지만 오히려 혼자만의 시간을 알차게 보내면서 나와 맞는 친구를 자연스럽게 찾는 것이 외로운 상황을 해결하는 데 도움이 된답니다.

외로움 섬을 탈출하라! 알쏭달쏭 OX

외로움을 해결할 방법으로 올바른지 아닌지를 판단하여, OX를 골라 길을 따라가 보세요. 어느새 외로움 섬을 탈출해 나와 딱 맞는 친구들을 만날 수 있을 거예요!

할머니 댁이 최고!
편안하다

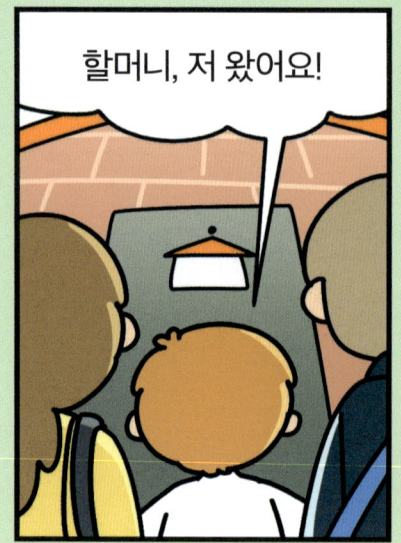

 ## 편안하다

몸과 마음이 편하고 걱정 없이 좋다.

Q 하진이는 할머니 댁에 가서 마음이 편안했대. 너는 언제 편안하다고 느꼈어?

> 날씨 좋은 날 공원 벤치에 앉아서 가만히 쉴 때.

> 미뤘던 숙제를 모두 끝내고 쉴 때 아주 편안했어.

> 친구와 오해가 풀려서 화해했을 때 마음이 엄청 편안했어.

> 말이 잘 통하는 친구와 시간 가는 줄 모르고 대화할 때.

좋은 스트레스? 나쁜 스트레스?

우리는 힘든 일이나 걱정이 있을 때는 스트레스를 받아 편안하지 않은 상태가 돼요. 그렇다면 편안한 상태만 좋고, 스트레스는 무조건 나쁜 것일까요? 사실 적당한 스트레스는 우리에게 도움이 되기도 해요. 시험이나 발표를 앞두고 스트레스를 받으면 집중력이 올라가고, 운동 경기 전 스트레스는 에너지를 내게 도와주죠. 물론 과도하거나 오래 지속되는 스트레스는 좋지 않으니 적절히 관리해야 해요.

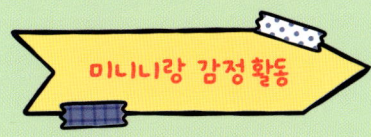

내 몸과 마음을 지키는 스트레스 관리법

심한 스트레스는 어떻게 관리하면 될까요? 내가 무엇을 할 때 편안한지 떠올려 보고 하나씩 실천하면 돼요. 레니니의 스트레스 해소법을 보고, 내게 맞는 방법도 생각해 봐요.

 # 안심되다

걱정했던 일이 해결되어 마음이 편해지다.

 **Q** 아린이와 윤우는 영화관에 늦지 않게 도착해서 안심했대. 너희는 언제 안심된다고 느꼈어?

> 늦은 밤 골목길에서 누가 쫓아오는 줄 알고 겁먹었는데 알고 보니 아빠였을 때!

> 스마트폰을 잃어버린 줄 알고 동동거렸는데, 금방 찾아서 안심했어.

> 걱정하던 발표 수업을 무사히 끝냈을 때.

> 천둥번개가 치던 날, 무서워서 못 자고 있는데 언니가 꼭 안아 줘서 안심됐어.

 ## 모든 일을 다 예상하고 해결할 순 없어!

걱정하는 마음을 없애고 안심하고 싶다면 어떻게 해야 할까요? 우선 걱정하는 일이 일어나지 않도록 미리 대비하는 방법이 있어요. 만약 치과 가는 것이 걱정이라면 평소에 양치질을 잘하면 되겠죠? 하지만 미래에 일어날 모든 일을 다 예상하고 대비할 순 없어요. 지금 걱정해도 해결되지 않는 일은 실제로 벌어졌을 때 고민해도 늦지 않아요.

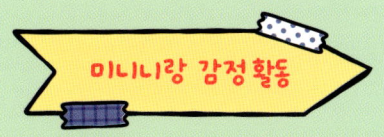 ## 미니니에 대해 알아보는 사다리 타기

마음이 불안할 때 내 마음을 안심시켜 주는 물건이 있죠? 미니니들에게도 그런 물건들이 있답니다. 사다리 길을 따라가다 보면 미니니들이 좋아하는 물건이 무엇인지 알 수 있을 거예요.

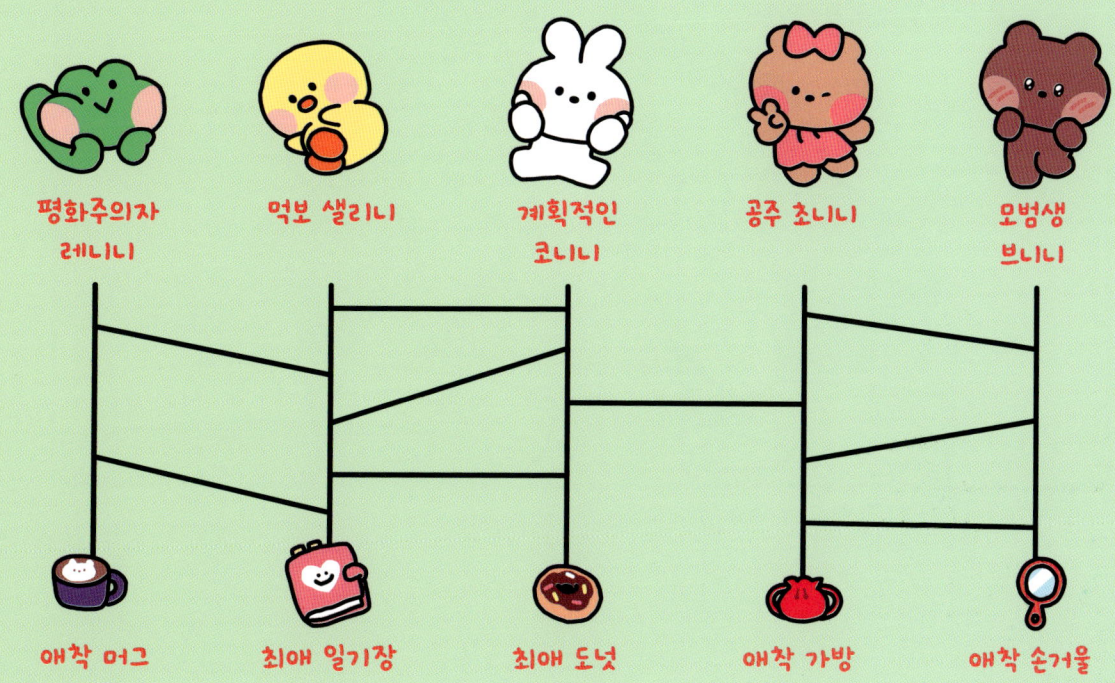

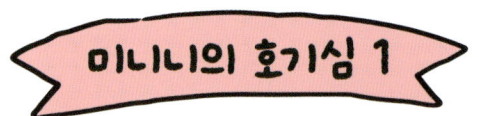

미니니의 호기심 1
어떻게 지내니?

미니니의 호기심 2
어떻게 지내니?

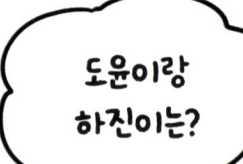

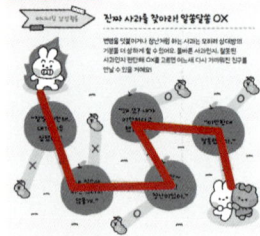

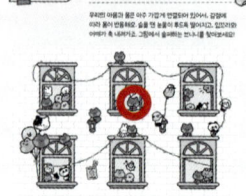
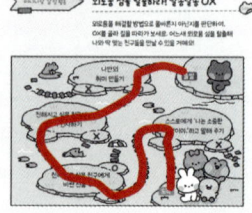

초등 본격 자기 계발 프로젝트
미니니 감정 사전 1

1판 1쇄 인쇄 2025년 11월 12일
1판 1쇄 발행 2025년 11월 26일

기획·감수 이효주 | **글** 윤구름 | **그림** 조수현
펴낸이 이필성, 차병곤
사업리드 김경림 | **책임편집** 윤지윤 | **기획개발** 김영주, 서동선, 이주영, 이윤지, 김민정
영업마케팅 오하나, 김민경, 서승아, 문유지 | **디자인** 플랜비 | **편집** 이종미

펴낸곳 ㈜샌드박스네트워크 샌드박스스토리 키즈
등록 2019년 9월 24일 제2021-000012호
주소 서울특별시 용산구 서빙고로 17, 29층(한강로3가)
홈페이지 www.sandbox.co.kr
메일 sandboxstory@sandbox.co.kr | **전화** 02-6324-2292

ISBN 979-11-92504-86-5 74190
ISBN 979-11-92504-85-8(세트)

Licensed by IPX Corporation
본 제품은 아이피엑스 주식회사와의 정식 라이선스 계약에 의해 ㈜샌드박스네트워크에서 제작, 판매하는 것으로 아이피엑스 주식회사의 명시적 허락 없이는 어떠한 경우에도 무단 복제 및 판매를 금합니다.

* 샌드박스스토리 키즈는 ㈜샌드박스네트워크의 출판 브랜드입니다.
* 이 책은 저작권법에 의해 보호를 받는 저작물이므로 무단 전재와 복제를 금하며,
  이 책 내용의 전부 또는 일부를 인용하려면 반드시 저작권자와 샌드박스스토리 키즈의 동의를 받아야 합니다.
* 잘못된 책은 구입한 곳에서 교환해 드립니다.

- 제조자명 : ㈜샌드박스네트워크
- 주소 : 서울특별시 용산구 서빙고로 17, 29층(한강로3가)
- 제조연월 : 2025년 11월
- 제조국명 : 대한민국
- 사용연령 : 3세 이상 어린이 제품